AF119221

BEI GRIN MACHT SICH IHR WISSEN BEZAHLT

- Wir veröffentlichen Ihre Hausarbeit,
  Bachelor- und Masterarbeit

- Ihr eigenes eBook und Buch -
  weltweit in allen wichtigen Shops

- Verdienen Sie an jedem Verkauf

Jetzt bei www.GRIN.com hochladen und kostenlos publizieren

Viktoria Szotka

Brechts Liebeslyrik - Ein Spiegel seiner Selbst?!

GRIN Verlag

Bibliografische Information der Deutschen Nationalbibliothek:

Die Deutsche Bibliothek verzeichnet diese Publikation in der Deutschen National-
bibliografie; detaillierte bibliografische Daten sind im Internet über http://dnb.d-
nb.de/ abrufbar.

Impressum:

Copyright © 2011 GRIN Verlag, Open Publishing GmbH
Druck und Bindung: Books on Demand GmbH, Norderstedt Germany
ISBN: 978-3-656-00784-5

Dieses Buch bei GRIN:

http://www.grin.com/de/e-book/178031/brechts-liebeslyrik-ein-spiegel-seiner-selbst

GRIN - Your knowledge has value

Der GRIN Verlag publiziert seit 1998 wissenschaftliche Arbeiten von Studenten, Hochschullehrern und anderen Akademikern als eBook und gedrucktes Buch. Die Verlagswebsite www.grin.com ist die ideale Plattform zur Veröffentlichung von Hausarbeiten, Abschlussarbeiten, wissenschaftlichen Aufsätzen, Dissertationen und Fachbüchern.

Besuchen Sie uns im Internet:

http://www.grin.com/

http://www.facebook.com/grincom

http://www.twitter.com/grin_com

Brechts Liebeslyrik- ein Spiegel seiner Selbst?

1. Vorwort

„Es ist wirklich mit ihr ein Gfrett

Denn man weiß es in der ganzen Stadt.

Dabei hat der, der sie einmal hat

Lang bei ihr noch keinen Stein im Brett.

Ganz im Gegenteil: sie ist ihn satt

Wenn sie trinkt, fällt sie in jedes Bett." [1]

Hier nimmt Brecht eine ziemlich deutliche Haltung gegenüber der beschriebenen Person ein und porträtiert sie beinahe als Prostituierte. Doch ist dies die Regel in seiner Liebeslyrik? Und die behandelten Frauen- gibt es sie wirklich oder handelt es sich bei ihnen um reine Fiktion, die mit seinem wahren Leben in keinerlei Verbindung stehen? Neben diesen Erläuterungen möchte ich in meiner folgenden Facharbeit ebenfalls untersuchen, in was für einem Verhältnis Bertolt Brecht zur Liebe stand. Doch um diesen nicht gerade kleinen Teil des Werkes von Brecht zunächst einmal erfassen zu können, will ich als erstes eine Unterteilung seiner Liebesgedichte vornehmen.

2. Unterteilung der Liebeslyrik

Dieses Kapitel soll einen Überblick, über die Liebeslyrik von Bertolt Brecht schaffen. Auf diese kann dann auch im Folgenden noch zurückgegriffen werden, was den Umgang mit dem Material erheblich vereinfachen wird.

Seine Liebesgedichte behandeln neben den beiden wohl typischsten Themen, (den konfliktreichen Beziehungen und den erotischen Phantasien) auch das Ausleben der Sexualität und die damit verbundenen Schuldgefühle. Darüber hinaus kommen auch einige wenige Fiktionen problemloser Liebe in diesem Gattungsbereich vor.[2]

Beginnen werde ich mit den Erinnerungsgedichten, deren Inhalt der Erinnerungsprozess selbst und die Erinnerung an die Geliebte ist. Zu ihnen zählen Gedichte wie „Erinnerung an die Marie A."[3] oder „Die Ballade vom Tod des Anna Gewölkgesichts". Alle Erinnerungsgedichte weisen eine gewisse

---

[1] Zit. Brecht, Bertolt (1982): Gesammelte Werke. Supplementband IV (Gedichte aus dem Nachlaß 2). Werkausgabe Edition Suhrkamp Verlag, S. 347.

[2] Vgl. Arendt, Christine (2001): Natur und Liebe in der frühen Lyrik Brechts. Peter Lang Europäischer Verlag der Wissenschaften, Frankfurt am Main, S. 101.

[3] Siehe 8.1 Textnachweise Nr.1, „Erinnerung an die Marie A.".

zeitliche Distanz zum Liebeserlebnis auf und stellen die Geliebte, die im Verlauf des Gedichts einen Identitätsverlust erleidet (, da der Name nur im Titel erscheint und sie selbst im Laufe des Gedichts vergessen wird), in der Natur dar. Im Vordergrund stehen der Gefühlskonflikt des Protagonisten und dessen Versuch, das Liebeserlebnis zu verarbeiten.[4] In den „Erinnerungen an die Marie A." wird deutlich, was für einen großen Stellenwert die Liebe und das Vergessen besitzen: Allein fünfmal wird das Wort „wissen" verwendet und die zu keinem Zeitpunkt als Individuum wahrgenommene Geliebte ist dabei der Gegenstand des Vergessens.[5]

In den Gedichten von Liebe und Schuld hingegen, zu denen größtenteils Psalmen wie z.B. „Gesang aus dem Aquarium 5. Psalm" oder „Hybris 2. Psalm"[6] gehören, liegt der thematische Schwerpunkt auf den Konflikten, in die das lyrische Ich durch das Ausleben seiner Liebe gelangt. Diese entstehen durch die Unvereinbarkeit der ausgelebten Liebe mit den moralischen und religiösen Normen. Jedoch besteht nicht zwangsweise das Verlangen, diese mit dem Verhalten des lyrischen Ichs in Einklang zu bringen, wie bereits die ersten beiden Sätze des „Hybris 2. Psalm" deutlich machen: Das lyrische Ich weiß, dass seine Hosen „schamlos" riechen und bestärkt ohne schlechtes Gewissen dieses Eingeständnis nach Liebe zu riechen[7]: „Meine Hosen riechen schamlos nach Liebe. Ich wasche mich nie mehr."[8] Trotz, oder vielleicht gerade auf Grund, dieses brisanten Themas, wird innerhalb der Gedichte die Verfolgung des lyrischen Ichs ironisiert und wahlweise es selbst oder seine Frauen direkt mit dem Tod konfrontiert.[9]

Auch die Epiloggedichte bestehen hauptsächlich aus Psalmen, wie „Gesang von einer Geliebten 7. Psalm" oder „Von He. 9. Psalm"[10] , jedoch bilden diese im Hauptteil einen Nachruf auf eine Frau, welcher von verschiedenen anderen Elementen, wie beispielsweise der Schilderung der momentanen Situation des lyrischen Ichs, oder der Erinnerung an die jeweilige Geliebte, umrahmt wird.

---

[4] Vgl. Arendt, Christine (2001): Natur und Liebe in der frühen Lyrik Brechts. Peter Lang Europäischer Verlag der Wissenschaften, Frankfurt am Main, S. 113.

[5] Ebd., S. 121.

[6] Siehe 8.1 Textnachweise Nr. 2, „Hybris 2. Psalm".

[7] Vgl. Arendt, Christine (2001): Natur und Liebe in der frühen Lyrik Brechts. Peter Lang Europäischer Verlag der Wissenschaften, Frankfurt am Main, S. 139.

[8] Zit. Arendt, Christine (2001): Natur und Liebe in der frühen Lyrik Brechts. Peter Lang Europäischer Verlag der Wissenschaften, Frankfurt am Main, S. 139.

[9] Vgl. Arendt, Christine (2001): Natur und Liebe in der frühen Lyrik Brechts. Peter Lang Europäischer Verlag der Wissenschaften, Frankfurt am Main, S. 134.

[10] Siehe 8.1 Textnachweise Nr. 3, „Von He. 9. Psalm".

Während in den „Erinnerungsgedichten" der Name der (ehemals) Angebeteten nur im Titel auftaucht, da diese im Verlaufe des Gedichts vergessen wird, sind am Beispiel des 9. Psalms „Von He." deutlich die Kennzeichen eines Epiloggedichts festzustellen: Der Name wird oft wiederholt und das lyrische Ich erinnert sich an sie. Zudem findet keine Selbstreflektion des lyrischen Ichs statt.[11] Zu erkennen sind diese Epilogpsalmen weiterhin daran, dass die geschilderten Beziehungen stets durch eine gewisse Art des Kampfes bestimmt sind, da die Frau dem lyrischen Ich überlegen ist. Somit wird der gesamte Verlauf des Beziehungskonfliktes dargestellt.[12]

Abschließend gilt es noch zwei komplett gegensätzliche Einteilungen der Liebeslyrik zu betrachten, durch die man sich, sollte man bisher nur mit einer in Kontakt gekommen sein, ein komplettes „Entweder-Oder Bild" von Brecht und seinem Verhältnis zu Frauen, und der Liebe im Allgemeinen, bilden kann. Zum einen wären da die „Fiktionen der beständigen Liebe" und zum anderen „Erotika". Während in den „Fiktionen beständiger Liebe" wie „Ballade der Freundschaft" und „Ballade von der Hanna Cash"[13] über dauerhafte Beziehungen unterschiedlichster Art phantasiert wird, obwohl dabei die Beziehungskonflikte nur verdrängt werden, ist die Liebe in den „Erotika" Gedichten (siehe z. B. „Baals Lied"[14]) rein auf das physiologische Geschehen beschränkt, so dass eine emotionale Beziehung nicht nachweisbar ist. In „Baals Lied" ist der Geschlechtsverkehr allein an die Bedürfnisse des Mannes angepasst („[...] denn **ich** liebe das.", Vers 2,4,6.), die Degradierung der Frau zum Lustobjekt ist von Anfang an gegeben.

Somit stehen die „Erotika" Gedichte im kompletten Gegensatz zu den „Fiktionen beständiger Liebe", die als Wunschvorstellungen der Freundschaft bzw. Ehe interpretiert werden können und jeweils die Liebe von Außenseitern, die nicht in die Gesellschaft integriert sind, thematisieren.[15] Dabei scheint die Besonderheit der Beziehung bei der „Ballade der Hanna Cash" in der Dauer dieser zu liegen, da in der sechsten und achten Strophe das gemeinsame Umherziehen „Jahr für Jahr" und ein Zeitraum von fünfzig Jahren genannt wird,

---

[11] Vgl. Arendt, Christine (2001): Natur und Liebe in der frühen Lyrik Brechts. Peter Lang Europäischer Verlag der Wissenschaften, Frankfurt am Main, S. 165.

[12] Ebd., S. 157.

[13] Siehe 8.1 Textnachweise Nr. 4, „Ballade der Hanna Cash".

[14] Siehe 8.1 Textnachweise Nr. 5, „Baals Lied".

[15] Vgl. Arendt, Christine (2001): Natur und Liebe in der frühen Lyrik Brechts. Peter Lang Europäischer Verlag der Wissenschaften, Frankfurt am Main, S. 195.

in dem sie „in einem Bett" schlafen.[16] Nicht verwunderlich erscheint es, dass Brecht häufig einen eher „schmutzigen" Ruf besitzt, was seine Liebesgedichte angeht, da seine „Erotika" Gedichte die größte Gedichtsgruppe darstellen und er sich zu diesen auch nicht so distanziert, wie er es durch den Er-Erzähler in den „Fiktionen beständiger Liebe" schafft. „Die stilisierte Prosa der Gedichte spricht über sexuelle Erfahrungen nicht in hymnischer Form, sondern mit Anklängen an den ‚schmutzigen' Slang einer ‚niedrigen' Sprache."[17] Als Hauptaspekt der „Erotika" Gedichte kann man den Protest gegen die repressiv empfundenen bürgerlich-religiösen Moralvorstellungen ansehen, der durch das Bekenntnis zum uneingeschränkten Ausleben der Sexualität deutlich wird.[18]

3. Brecht und die Liebe

Bertolt Brechts Werke sind gezeichnet von Liebe und ihrer oft harten Kehrseite. Sie zeigen was die Liebe und die Ehe aus einem Menschen machen können, sowohl im positiven, als auch im negativen Sinne. Doch welche Auffassung vertrat er selbst zu dem ganzen Thema? Kann man ihn gewissenhaft als einen Anhänger der Monogamie und somit auch jemanden, der an die eine wahre Liebe, die infolgedessen auch die Ehe wert wäre, glaubte, nennen?

Die Annahme, dass Brecht nicht daran glaubte, dass eine erfüllte, dauerhafte Liebesbeziehung möglich ist, lässt sich leicht dadurch begründen, dass seine Liebesgedichte häufig von Beziehungskonflikten oder auch Problembeladenen Beziehungen handeln und er sich zu den Gedichten, die von einer beständigen und erfüllten Liebe handeln selbst deutlich distanziert (siehe „Fiktionen beständiger Liebe" in *2. Unterteilung der Liebeslyrik*). Dies wird durch den genannten Aspekt, dass diese Fiktionen, die als Sehnsucht nach einer erfüllten Ehe beziehungsweise Beziehung angesehen werden können, die Protagonisten als Außenseiter portraitieren. Diese Tatsache könnte man dahingehend interpretieren, dass Brecht eine durchgehend zufriedenstellende Liebesbeziehung nicht für möglich hält, wenn man gleichzeitig (aktiv) Teil des gesellschaftlichen Lebens sein will. Albrecht Weber nach entfesselte die neue Existenzphilosophie (, die durch Krieg, Revolutionen und der „Nach- uns- die-

---

[16] Vgl. Arendt, Christine (2001): Natur und Liebe in der frühen Lyrik Brechts. Peter Lang Europäischer Verlag der Wissenschaften, Frankfurt am Main, S. 214.

[17] Zit. Knopf, Jan (2001): Brecht Handbuch. Band II, Gedichte. J.B. Metzler Verlag, Stuttgart, S. 88.

[18] Vgl. Arendt, Christine (2001): Natur und Liebe in der frühen Lyrik Brechts. Peter Lang Europäischer Verlag der Wissenschaften, Frankfurt am Main, S. 233-234.

Sintflut-Stimmung" gekennzeichnet war) und in der Zeit der frühen Lyrik Brechts aufkam, auch im jungen Brecht selbst eine gesteigerte Begierde nach Lust, rücksichtsloser Lebensgier und einem amoralischen bis asozialen Vitalismus. Deutlich wiederzufinden ist diese Tatsache in seinen (vor allem frühen) Werken (siehe „Baal"), in denen die „Liebe" hauptsächlich zur Stillung des sexuellen Verlangens diente und den Partner lediglich zum Werkzeug degradierte.[19] Somit schaffte seine frühe Lyrik, ein neues, das sogenannte „baalsche Weltbild", das vor allem das Wissen um die Vergänglichkeit mit einbezog, was verbunden mit dem Nihilismus eine „Lebe den Moment" Stimmung geschaffen hat.[20] „Wenn Gedichte auch keineswegs erst mit der Deckung durch das Leben des Autors wahr werden, so drücke sie doch sein Lebensgefühl aus, sind Teil seines Lebens, haben den Wert von Dokumenten, in denen die Sprechweise des Verfassers enthalten ist, wie Brecht 1927 feststellte." [21] Zudem ließ Brecht viele seiner Gedichte im Kreise der Dirnenwirtschaft, die er in vielen Werken aufgriff, vortragen.[22] So auch das Gedicht „Die Liebenden"[23], welches man weder beim ersten noch beim zweiten Lesen einem solchen Milieu zuordnen würde. Die von Brecht gewählte Vortragsweise durch eine Prostituierte und einen Freier (er band das Gedicht in der Oper „Mahagonny" ein) lässt nun die Frage aufkommen, ob er seine Worte selbst nicht so ernst genommen hat, wie sie dem Betrachter erscheinen, was uns wieder dem Zyniker und Parodisten Brecht nahebringen und vermuten lassen würde, dass er hiermit nicht nur seine eigenen Worte, sondern viel mehr die Liebe selbst einer sarkastischen Betrachtungsweise unterzogen haben könnte. Andererseits könnte man auch mutmaßen, dass es sich hierbei lediglich um einen Teil seines im epischen Theater verwendeten Verfremdungseffektes handelt, der dazu dienen soll, die Liebe selbst einer kritischen Betrachtung zu unterziehen. Jedoch wurde bereits früh die Vermutung deutlich, dass einige der erotischen Liebesgedichte Brechts (so zum Beispiel die „Augsburger Sonette") als Auftragswerk entstanden sind, da der Autor selbst sie, wie es eher untypisch für ihn ist, nur zurückhaltend erwähnt hat. Diese Vermutung lässt sich durch das Lehrgedicht „Ratschläge

---

[19] Vgl. Interpretationen zur Lyrik Brechts (1971). Hirschenauer, Rupert und Weber, Albrecht (Hrsg.), R. Oldenbourg Verlag, München, S. 58.
[20] Ebd., S. 62.
[21] Zit. Interpretationen zur Lyrik Brechts (1971). Hirschenauer, Rupert und Weber, Albrecht (Hrsg.), R. Oldenbourg Verlag, München, S.60.
[22] Vgl. Pietzcker, Carl (1974): Die Lyrik des jungen Brecht. Suhrkamp Verlag, Frankfurt am Main, S. 274.
[23] Siehe Textnachweise Nr. 6, „Die Liebenden".

einer älteren Fohse an eine jüngere" verifizieren: Der Großteil des Gedichtes wurde aus dem, diesen mehr als ähnlichem, Gedicht des Autors Pietro Aretino übernommen. Im Gegensatz zu der „Baalzeit" lässt dieses Gedicht sich nur schwer in die gedankliche Welt der zu dem Zeitpunkt vorherrschenden Übergangszeit einordnen.[24] „Das wilde und zügellose Liebesleben der Augsburger Gedichtsgestalten entsprang den Gedanken und Wünschen eines Außenseiters, der sich mit seiner Dichtung bewußt aus dem gesellschaftlichen Bereich entfernte."[25] Dazu stellte Klaus Schuhmann ebenso passend fest, dass diese Augsburger Sonette auf die weltanschaulichen Ansichten der „Baalzeit" zurückverweisen und dementsprechend als Spiegelbild der spätbürgerlichen Krisensituation gedeutet werden müssten „…in der die achtlos gepflegte Liebe die einzige Möglichkeit zu sein scheint, sich gegen die Entwertung der Liebe zynisch zur Wehr zu setzen."[26] Dies würde die Hypothese, des angewandten Zynismus zum eigenen Schutz bestätigen.

Nicht außer Acht lassen sollte man zudem, dass sich mit der Zeit eine Wendung in Brechts Liebesgedichten feststellen lässt: Von seinen frühen Gedichten, wie beispielsweise „Erinnerungen an die Marie A." (1919) zu seinen Späteren wie „Die Liebenden" aus Mahagonny (1928/29) lässt sich deutlich herauskristallisieren, dass ein Schritt in Richtung der Bejahung der Liebe stattgefunden hat: Sie wird nun auf eine wirkliche Person (auch wenn diese sich als Metapher in einem Kranich wiederfindet) projiziert.[27] Dennoch sollte nicht unerwähnt bleiben, dass mit der Entwicklung hin zum positiven Bild der Liebe gleichzeitig auch der Individualismus in den brechtschen Liebesgedichten fragwürdig geworden ist. Brecht selbst war der Meinung, dass auch Liebesbezeugungen in der damals entstehenden Warenwelt den ökonomisch bedingten Verhaltensweisen entsprechen würden und die Liebe somit immer weiter zur Ware geworden sei. Dieser sozialkritische Aspekt und die daraus resultierende dichterische Grundhaltung, entsprachen am ehesten der Gedankenwelt der Übergangszeit.[28] Zudem stellt Bertolt Brecht Stücken, in

---

[24] Vgl. Schuhmann, Klaus (1964): Der Lyriker Bertolt Brecht 1913- 1933. Neue Beiträge zur Literaturwissenschaft (Band 20). Prof. Dr. Krauss, Werner und Prof. Dr. Dietze, Walter (Hrsg.), Rütten & Loening, Berlin, S. 179.

[25] Ebd., S. 184.

[26] Zit. Schuhmann, Klaus (1964): Der Lyriker Bertolt Brecht 1913- 1933. Neue Beiträge zur Literaturwissenschaft (Band 20). Prof. Dr. Krauss, Werner und Prof. Dr. Dietze, Walter (Hrsg.), Rütten & Loening, Berlin, S. 179.

[27] Vgl. Interpretationen zur Lyrik Brechts (1971). Hirschenauer, Rupert und Weber, Albrecht (Hrsg.), R. Oldenbourg Verlag, München, S. 76.

[28] Vgl. Schuhmann, Klaus (1964): Der Lyriker Bertolt Brecht 1913- 1933. Neue Beiträge zur Literaturwissenschaft (Band 20). Prof. Dr. Krauss, Werner und Prof. Dr. Dietze, Walter (Hrsg.), Rütten & Loening, Berlin, S. 184.

denen die Liebe offensichtlich scheitert, wie zum Beispiel in „ Die Heilige Johanna der Schlachthöfe" [29] genug Stücke gegenüber, in denen sie durch Frauen wie Kattrin („Mutter Courage", 1939), Anna („Augsburger Kreidekreis", 1940) und Grusche („Kaukasischer Kreidekreis", 1944/45) verwirklicht wird[30]: Sie alle nehmen aus Mitleid ein fremdes Kind auf und kümmern sich mit all ihrer Liebe darum. Dies wirft ein ganz anderes Licht auf unseren Autor und sein Verhältnis zur Liebe und in diesem Fall auch der Familie. Es lässt annehmen, dass es sich bei ihm doch um eine Person handelt, die viel von der (Nächsten-) Liebe hielt und dabei nicht voraussetzte, dass diese zwangsläufig scheitern muss. Jedoch sollte man dabei das Erscheinungsdatum der Werke nicht außer Acht lassen, was auch vermuten lassen könnte, dass Brecht, geprägt durch die Kriegszeit, dieser in seinen Werken die Nächstenliebe gegenüberstellen wollte.

Abschließend sollte nicht unerwähnt bleiben, dass nicht nur der Glaube an die Liebe, sondern darüber hinaus auch der Wunsch nach der Dauer einer Liebesbeziehung, wie man anhand des „Sonett Nr. 19"[31] (1939) deutlich erkennen kann, sich langsam bei Brecht zu entwickeln schien. „Dieses Sonett ringt zweifellos ernst um eine Realität, um den Zusammenhalt trotz Zwists, und auch Sonette mit handfester Derbheit erscheinen uns keineswegs nur als Parodie; die Form kultiviert vielmehr die derbe, aufrichtige, bewahrende Liebe." [32] Diesen nachvollziehbaren Wunsch, sofern man ihn auch nicht von Brecht erwartet haben mag, kann man aus dem gesteigerten Liebesanspruch, den dieser aufgrund der engen Bindung an seine Mutter besaß, begründen. Sie übermutterte und umsorgte ihn auch, als er längst erwachsen war. Diese Fürsorge ein zweites Mal zu finden ist wahrlich schwer, was zur Folge hatte, dass Brecht seinen hohen Liebesanspruch durch Provokationen und die darauffolgende Bestrafung zu befriedigen versuchte[33]: „Dieser Liebesanspruch wiederum läßt vermuten, daß das provokatorische Moment seiner frühen Lyrik mindestens in einer Schicht masochistisch motiviert ist." [34]

---

[29] Die Hauptprotagonistin Johanna will, gelenkt durch ihre Nächstenliebe, den streikenden Arbeitern einer Fleischfabrik helfen. Doch in ihrem Versuch, das Schlimmste zu verhindern, schadet sie den Menschen, denen sie helfen wollte.
[30] Vgl. Interpretationen zur Lyrik Brechts (1971). Hirschenauer, Rupert und Weber, Albrecht (Hrsg.), R. Oldenbourg Verlag, München, S. 78.
[31] Siehe Textnachweise Nr. 7, „Sonett 19".
[32] Zit. Interpretationen zur Lyrik Brechts (1971). Hirschenauer, Rupert und Weber, Albrecht (Hrsg.), R. Oldenbourg Verlag, München, S. 81.
[33] Vgl. Pietzcker, Carl (1974): Die Lyrik des jungen Brecht. Suhrkamp Verlag, Frankfurt am Main, S. 226-228.
[34] Zit. Pietzcker, Carl (1974): Die Lyrik des jungen Brecht. Suhrkamp Verlag, Frankfurt am Main, S. 227.

Zusammenfassend lässt sich sagen, dass man keine einfach schwarz-weiß Abwägung vornehmen kann, da Brecht zwar einerseits in vielen seiner Liebesgedichte alles andere als liebevoll erscheint, sondern viel mehr eine äußerst direkte, sogar beinahe verachtende Art gegenüber der Liebe und den Frauen deutlich werden lässt, doch andererseits scheint auch oft die Sehnsucht und das natürliche Bedürfnis nach Liebe durch, was ihn als eine doch sehr anhängliche und nach Geborgenheit suchende Person erscheinen lässt. Da jedoch der Großteil seiner erotischen und häufig derben Gedichte vor allem in der frühen Zeit seiner lyrischen Arbeit entstanden ist und sich eine deutliche Entwicklung hin zu einem positiven Abbild der Liebe in seinen Werken verzeichnen lässt, ist davon auszugehen, dass sich auch Bertolt Brecht dem Bedürfnis nach der Liebe und einer damit verbundenen dauerhaften Liebesbeziehung nicht entziehen konnte.

4. Frauen(darstellung) der brechtschen Liebeslyrik

Bei so viel Verschleiß und Erotik auf der einen und dennoch so viel Liebe und Zuneigung auf der anderen Seite der brechtschen Liebeslyrik stellt sich unweigerlich die Frage: Gab es sie tatsächlich, seine poetisch angesprochenen Frauen? Oder laufen seine Gedichte viel mehr ins Leere, so wie es in denen an die imaginäre Geliebte (siehe *2. Unterteilung der Liebeslyrik*) deutlich wird?

Dass sich bei den Meinungen über Brecht als Person genau so die Geister scheiden, wie bei denen über seine Werke, ist nichts Neues. Jedoch gibt es kaum einen Bereich seines Schaffens, der so umstritten ist, wie seine Liebeslyrik, die damit verbundene Darstellung der Frau(en) und die daraus resultierende Auffassung über den Künstler selbst. Und das, obwohl seine Liebesgedichte Franz Norbert Mennemeier zufolge, im Vergleich zu seinen sonst verfassten Werken, nur Nebenarbeiten darstellen.[35]

Betrachtet man nun die Meinungen darüber, wie Brechts Verhalten gegenüber den Frauen tatsächlich gewesen sein soll, stößt man einerseits auf die Behauptung, es handle sich bei ihm um einen ausbeutenden und frauenverschlingenden und andererseits um einen fürsorglichen und schüchternen Mann.[36] Da Brecht selbst versucht hat, seine polygame Lebensweise so gut es geht geheim zu halten, lässt sich annehmen, dass er

---

[35] Vgl. Mennemeier, Franz Norbert (1998): Bertolt Brechts Lyrik, Aspekte Tendenzen. Weidler Buchverlag Berlin, S. 53.

[36] Vgl. Kebir, Sabine (1987): Ein akzeptabler Mann? Streit um Bertolt Brechts Partnerbeziehungen. Der Morgen, Berlin, S. 8.

kein Verständnis dafür erwartete.[37] Einen guten Beleg dafür liefert uns das Zitat seiner Frau Helene Weigel, die zu ihrer Tochter sagte: „Dein Vater war ein sehr treuer Mensch. Leider zu zu vielen."[38] Die häufig festgestellte Tatsache, dass Brecht in seinem persönlichen Umfeld, und somit vor allem gegenüber seinen Geliebten Distanz benötigte, schlägt sich lediglich in seinen frühen Liebesgedichten nieder: In ihnen strebt er nach totaler Beschreibung in absolut sachlicher Perspektive und nach verallgemeinernder Repräsentanz.[39] Doch auch wenn er selbst den Abstand einforderte, den er seinen Frauen angeblich nie zugestehen wollte, war dies für ihn selbst nicht mit Einsamkeit verbunden, da er Häntzschel zu Folge in jedem Land eine Geliebte besaß.[40] Blickt man nun auf die bereits im 1. Kapitel vorgenommene Unterteilung der Liebeslyrik zurück, gilt es an diesem Punkt besonders zwei Kapitel zu betrachten: Die Gedichte, die sich mit Mädchenschicksalen befassen (so wie die angesprochenen „Erinnerungsgedichte") und die „Erotika" Gedichte. Zum Ausdruck der „Mädchenschicksale" wendet er sich traditionellen Gedichtsformen wie dem Lied, der Ballade und dem Sonett zu.[41] „Das Anliegen, das mit der traditionellen Form verbunden wird, ist deutlich: Der Augsburger Gymnasiast verarbeitet zunächst jugendliche Liebeserlebnisse, der Medizinstudent in München überträgt später die Eindrücke in seine Lyrik, um Distanzierung zu gewinnen."[42] Die Liebesdichtung selbst macht deutlich, wie groß und gleichzeitig klein die Distanz zwischen Dichtung und realem Leben ist: Der literarische Text vermittelt eigenständige Botschaften, bleibt jedoch im Bezug auf die Dichterpersönlichkeit bruchstückhaft. Dementsprechend ist auch ihr Grundzug angelegt: Einerseits dient die Liebespoesie der Wirklichkeitsbewältigung und stellt andererseits eine Produktion einer neuen, fiktiven Wirklichkeit her.[43] Sabine Kebir stellte fest, dass Bertolt Brecht einer der wenigen Dichter unserer Epoche war „[...] der die autobiographische Selbstdarstellung weitgehendst vermied."[44], weswegen sich einzig die Liebeslyrik zur nähren Betrachtung eignet. Kein anderer Teil seines Werkes lässt so private Details offenkundig werden, die uns der Persönlichkeit

---

[37] Vgl. Kebir, Sabine (1987): Ein akzeptabler Mann? Streit um Bertolt Brechts Partnerbeziehungen. Der Morgen, Berlin, S. 10.

[38] Zit. Kebir, Sabine (1987): Ein akzeptabler Mann? Streit um Bertolt Brechts Partnerbeziehungen. Der Morgen, Berlin, S.23.

[39] Vgl. Marsch, Edgar (1974): Brecht Kommentar zum lyrischen Werk. Winkler Verlag, München, S. 78.

[40] Vgl. Häntzschel, Hiltrud (2002): Brechts Frauen. Rowohlt Verlag, Reinbek bei Hamburg, S. 276.

[41] Ebd., S. 81.

[42] Zit. Marsch, Edgar (1974): Brecht Kommentar zum lyrischen Werk. Winkler Verlag, München, S. 81.

[43] Vgl. Kebir, Sabine (1987): Ein akzeptabler Mann? Streit um Bertolt Brechts Partnerbeziehungen. Der Morgen, Berlin, S. 38.

[44] Zit, Kebir, Sabine (1987): Ein akzeptabler Mann? Streit um Bertolt Brechts Partnerbeziehungen. Der Morgen, Berlin, S. 9.

des Autors näher bringen, da die Liebeslyrik meist nicht aus schlichter, abgeklärter Weisheit, sondern vielmehr aus momentbedingten Konfliktsituationen heraus entsteht.[45] Dennoch sollte man nicht außer Acht lassen, dass Brecht auch viele Gedichte in Ichform verfasste, „[…] in denen sich nicht sein eigenes Erleben und eigene Sichtweisen, sondern Betrachtungen über den Verfall der Geschlechterbeziehungen seiner Epoche niederschlugen."[46] Um also einen tatsächlich, unverfremdeten Eindruck, in die Sichtweisen Brechts zu erlangen, ist es ratsam, sich an originale und somit unverfremdete Tagebucheinträge zu wenden. Folgende Tagbuchnotiz von 1927 wird immer wieder angeführt, um die angeblich intellektuelle Arroganz und Hierarchienfestlegung Brechts zu verdeutlichen: „Für einen starken Gedanken würde ich jedes Weib opfern, beinahe jedes Weib. Es gibt viel weniger Gedanken als Weiber."[47] Obwohl Brecht selbst den patriarchalischen Charakter von Goethes Gedicht „Der Gott und die Bajadere" kritisiert[48], belehrt er junge Mädchen in „Liebesunterricht".[49] Verfolgt man diesen Aspekt weiter stößt man auf die „Empfehlung eines langen, weiten Rocks" (1944/45), ein Gedicht, dass angeblich seiner Frau Helene Weigel gewidmet war.[50] Doch wenn dem tatsächlich so wäre, kämen Zweifel an der Interpretation Mennemeiers auf, derer nach die Frau in diesem Gedicht lediglich zum Lustobjekt männlicher Phantasien degradiert wird, es sei denn, man sähe das Gedicht scherzhaft an.[51] Es ist jedoch bekannt, dass Helene Weigel nicht nur Brechts „Lustobjekt", sondern viel mehr ein wichtiger Aspekt seines Schaffens und eine von ihm hoch angesehene Schauspielerin war. Demnach liegt es nahe, dass eine der beiden Interpretationen nicht zutreffend ist. Hier klare Unterscheidungen zu treffen und eine „Richtig -Falsch" Abwägung zu vorzunehmen, ist nahezu unmöglich. Man kann lediglich weitere biographische Gegebenheiten mit seinen Gedichten in Bezug setzen, doch eine Sicherheit auf Übereinstimmung ist nie gegeben, denn, wie Brecht selbst Kritikern entgegnete, die in seinem Werk nach biographischen Bezügen suchten: „Wen immer ihr sucht- ich bin es nicht!".[52]

---

[45] Vgl. Kebir, Sabine (1987): Ein akzeptabler Mann? Streit um Bertolt Brechts Partnerbeziehungen. Der Morgen, Berlin, S. 11.
[46] Zit. Kebir, Sabine (1987): Ein akzeptabler Mann? Streit um Bertolt Brechts Partnerbeziehungen. Der Morgen, Berlin, S.12.
[47] Vgl. Häntzschel, Hiltrud (2002): Brechts Frauen. Rowohlt Verlag, Reinbek bei Hamburg, S. 275.
[48] Es handelt von einem übernatürlichen Kunden, der selbst im Freudenhaus wahre Gefühle verlangt.
[49] Vgl. Mennemeier, Franz Norbert (1998): Bertolt Brechts Lyrik, Aspekte Tendenzen. Weidler Buchverlag Berlin, S. 60.
[50] Vgl. Wedel, Ute (1983): Die Rolle der Frau bei Bertolt Brecht. Verlag Peter Lang, Frankfurt am Main, S. 109.
[51] Vgl. Mennemeier, Franz Norbert (1998): Bertolt Brechts Lyrik, Aspekte Tendenzen. Weidler Buchverlag Berlin, S. 58.
[52] Zit. Kebir, Sabine (1997): Ich fragte nicht nach meinem Anteil. Aufbau- Verlag, Berlin, S. 68.

Dies wird dadurch belegt, dass schon der junge Brecht sich verschiedenster Stilmittel bedient hat, um die eigene Erfahrung zu verfremden und daraus eine epische, verallgemeinernde Erzählung zu gestalten.[53] Da jedoch für viele Leser Literatur inzwischen zum Großteil Selbsterfahrung bedeutet, kann schnell behauptet werden „[...] daß auch Brechts Charakter aus der psychoanalytisch daherkommenden Dichtung der Texte ermittelbar sei."[54]

Demnach lassen sich allein Brechts Widmungsgedichte eindeutig in einen direkt biographischen Kontext mit ihm setzen und bestimmten Frauen zuordnen. Die Widmungsgedichte, wie zum Beispiel das mit am häufigsten angeführte Liebesgedicht Brechts „Die Erinnerung an die Marie A.", sollen sich an Freundinnen seiner Jugendzeit richten, wohingegen die ebenfalls in der frühen brechtschen Schaffungsphase entstandenen erotischen Gedichte (beziehungsweise Sonette („Das erste Sonett", „Das vierte Sonett"...)) angeblich seine Mitarbeiterin und Geliebte Margarete Steffin zum Vorbild hatten. Darüber hinaus soll Brecht in den letzten Phasen seines Schaffens der Liebesgedichte von seiner Geliebten des Alters, Käthe Reichel, inspiriert worden sein. Sie soll nicht nur die Muse zu den „Liebeslieder(n)", sondern auch die zum „Lied einer Liebenden", „Sieben Rosen hat der Strauch" und „Die Liebste gab mir einen Zweig" gewesen sein.[55] Edgar Marsch hielt in seinem Kommentar zum lyrischen Werk Brechts fest, dass der häufig verwendete Name „Anna" (zum Beispiel in dem Gedicht „Tot der Anna Gewölkgesicht") den Prototyp der weiblichen Figur der Augsburger Zeit verkörperte. Zudem weise sie zweifellos biographische Analogien zu Brecht auf; vermutlich zu Rosa Marie Aman oder „Bie" Paula Bannholzer.[56]

Die oben erwähnten erotischen Gedichte waren der Hauptreibungspunkt der brechtschen Liebeslyrik: Einerseits wird Brecht vorgeworfen, durch diese das Unberührtsein und kalt bleiben zum männlichen Lustprinzip erklärt zu haben[57], andererseits soll die „sinnliche Ungezwungenheit einiger seiner Liebesgedichte auch als eine Art Gegenentwurf zur Ästhetik des teutonischen Alltags gelesen werden, die vieles wahrnimmt, nur meist den Körper nicht."[58] In der Tat soll

---

[53] Vgl. Kebir, Sabine (1997): Ich fragte nicht nach meinem Anteil. Aufbau- Verlag, Berlin, S. 69.
[54] Zit. Kebir, Sabine (1997): Ich fragte nicht nach meinem Anteil. Aufbau- Verlag, Berlin, S. 68.
[55] Vgl. Wedel, Ute (1983): Die Rolle der Frau bei Bertolt Brecht. Verlag Peter Lang, Frankfurt am Main, S. 109.
[56] Vgl. Marsch, Edgar (1974): Brecht Kommentar zum lyrischen Werk. Winkler Verlag, München, S. 82.
[57] Vgl. Häntzschel, Hiltrud (2002): Brechts Frauen. Rowohlt Verlag, Reinbek bei Hamburg, S. 279.
[58] Zit. Mennemeier, Franz Norbert (1998): Bertolt Brechts Lyrik, Aspekte Tendenzen. Weidler Buchverlag Berlin, S. 59.

Brecht ein Genussmensch gewesen sein, der Vergnügen in jeder Form wollte.[59] Die einzige Regel war, dass er die Spielregeln stets festlegen wollte. So war es ihm immer möglich, dem Verlassenwerden zuvorzukommen. Dies mündete jedoch in eine ständige Selbstinszenierung: „Eines wird vor allem anderen immer wieder mit Staunen bezeugt und erklärt diese verschiedenen Gesichter, die Masken: Es ist die Inszenierung. Intimität war eine seiner gekonntesten Verfremdungen."[60] Das „Gedicht vom armen B.B." gilt hierzu als Paradebeispiel: Es behandelt einen überlegenen Spieler, der das Kommen und Gehen selbst bestimmt, frei nach dem Motto „Wer selbst weggeht, kann nicht verlassen werden." Aus diesem Grund findet er an den Revuegirls auch „angenehm, daß es viele sind und daß man sie auswechseln kann"[61], eine Ansicht, die man zynischerweise auf seine eigenen Geliebten übertragen könnte.[62] Doch auch an dieser Stelle sollte nicht alles vorbehaltlos auf den Autor übertragen werden, was allein schon wegen der Abkürzung „B.B." viel zu oft geschehen ist. Es passiert zu oft, dass Texte mit der Meinung des Autors gleichgesetzt werden „ohne zu erfassen, dass literarische Kunstfiguren Haltungen vorführen, die eben diese kritisch hinterfragen und durchaus im Gegensatz zu der vom Autor vertretenen Meinung stehen können [...]."[63] In Folge dessen wird vernachlässigt, dass Autoren Texte bewusst produzieren, um beispielsweise die Gesellschaft zu kritisieren und ihre Kenntnisse bewusst darzustellen und somit auch als vorausdenkender Produzent und nicht als Es- gesteuertes Metrum handeln.[64] „Dabei wird bei genauer Untersuchung der Texte schnell klar, dass sie keineswegs als Ausdruck persönlicher Erfahrungen gewertet werden können. Vielmehr stellen sie eine bewusste Antithese zur vergeistigten Liebesdarstellung in den lyrischen Werken der Vorgänger und Zeitgenossen Brechts dar."[65] Dieser Auffassung von Ana Kugli würde ich zum Großteil zustimmen, jedoch würde ich nicht behaupten, dass keinerlei persönliche Erfahrungen mit in die Arbeit der Autoren einfließen, da ansonsten eine

---

[59] Vgl. Mennemeier, Franz Norbert (1998): Bertolt Brechts Lyrik, Aspekte Tendenzen. Weidler Buchverlag Berlin, S. 58.
[60] Zit. Häntzschel, Hiltrud (2002): Brechts Frauen. Rowohlt Verlag, Reinbek bei Hamburg, S. 269.
[61] Ebd., S. 271.
[62] Vgl. Häntzschel, Hiltrud (2002): Brechts Frauen. Rowohlt Verlag, Reinbek bei Hamburg, S. 271.
[63] Zit. Kugli, Ana (2004): Feminist Brecht? Zum Verhältnis der Geschlechter im Werk Bertolt Brechts. Meidenbauer, Martin (Hrsg.), Martin Meidenbauer Verlagsbuchhandlung, München (2006), S. 22.
[64] Vgl. Kugli, Ana (2004): Feminist Brecht? Zum Verhältnis der Geschlechter im Werk Bertolt Brechts. Meidenbauer, Martin (Hrsg.), Martin Meidenbauer Verlagsbuchhandlung, München (2006), S. 25.
[65] Zit. Kugli, Ana (2004): Feminist Brecht? Zum Verhältnis der Geschlechter im Werk Bertolt Brechts. Meidenbauer, Martin (Hrsg.), Martin Meidenbauer Verlagsbuchhandlung, München (2006), S. 26.

Darstellung der Gesellschaft generell nicht möglich wäre. Der Protest gegen die Keuschheitsmoral, die den sexuellen Bedürfnissen der Menschen feindlich gegenübersteht und die beabsichtigte Provokation der Leser, die eine Demonstration des Liebesverfalls der bürgerlichen Gesellschaft darstellen soll, sind die positiven und auch grundlegenden Absichten der „Erotika" Gedichte.[66] Abschließend sollte Brecht selbst noch einmal zu Wort kommen. In einem Tagebuch Eintrag vom 22.10.1916 schrieb er: „Ein Mann, der richtig lebt, lebt wie im Sturm. Lachend und kämpfend, stark und schwach, oftmals besiegt und nie unterworfen. Aber er braucht etwas, was ihn auf die (sic!) Erde hält, einen Schoß, den müden Kopf hineinzulegen, weiche Hände, Natürlichkeit, Liebhaben, Reinheit." Es wird deutlich: Bei aller Derbheit und Direktheit, die sich in seinen Liebesgedichten abzeichnet und als frauenfeindlich gedeutet werden kann und auch bei seiner eigenen polygamen Lebensweise, die sich sowohl in ihren Grundzügen, als auch in einer sehr überspitzten Form, in zahlreichen seiner Liebesgedichte widerspiegelt, strebte Brecht selbst auch nur nach einem zu Hause. Einem Platz beziehungsweise in seinem Fall immer wieder Personen (Frauen), die ihm Geborgenheit vermittelten.

5. Fazit

Bertolt Brecht. Ein Name der immer wieder für Diskussionen und Gesprächsstoff sorgte und es bis heute tut. Betrachtet man allein die Liebeslyrik, die doch einen im Verhältnis gesehen kleinen Teil seines gesamten Werkes ausmacht, lässt sich feststellen, wie groß die Unterschiede in dieser selbst sind. Beschäftigt man sich also nicht näher mit dem Thema und verzichtet darauf, sich einen allumfassenden Überblick zu verschaffen, ist es leicht, Brecht entweder als frauenverachtenden, egoistischen Genussmenschen oder als liebevollen und fürsorglichen Denker einzustufen. Sowohl in Brechts Verhältnis zur Liebe, als auch in seiner Frauendarstellung durch die Liebespoesie, und dem direkten Bezug zu seinem Leben, lassen sich immer mindestens zwei Seiten nachweisen, die sich in ihren Standpunkten deutlich kontrastieren. Während man zunächst begründet annehmen könnte, dass Brecht die Frauen lediglich zum Lustobjekt degradierte und der Großteil seiner Liebesgedichte somit als bloße Pornografie anzusehen ist, lassen sich

---

[66] Vgl. Kugli, Ana (2004): Feminist Brecht? Zum Verhältnis der Geschlechter im Werk Bertolt Brechts. Meidenbauer, Martin (Hrsg.), Martin Meidenbauer Verlagsbuchhandlung, München (2006), S. 26.

bei genauere Betrachtung des Themas zwei Aspekte finden, die dem widersprechen würden: Zum einen die Tatsache, dass sein Verhältnis zur Liebe und somit auch zu den Frauen scheinbar im Laufe der Zeit deutlich geändert hat, da die erotischen Gedichte vor allem in seiner frühen Schaffensphase entstanden sind. Zum anderen lässt sich der brechtsche Verfremdungseffekt noch zusätzlich mit einbringen. Er diente hauptsächlich dem Aufzeigen der Probleme und sollte den Anstoß zum Nachdenken liefern, was in der Gesellschaft falsch läuft und wie man es persönlich ändern könnte. Sicherlich täuscht dies nicht darüber hinweg, dass er selbst eine unkonventionelle (polygame) Lebensweise vertrat, die häufig Angriffspunkte für seine Kritiker bot und auch heute noch bietet. Doch so viel er seinen Geliebten und Frauen auch an Toleranz abverlangt haben soll und so sehr auch immer wieder die Gefahr bestand (beziehungsweise besteht), dass viele der sehr intimen Gedichte auf sie projiziert werden, wenngleich diese nicht mit ihnen in Verbindung standen, so sehr verwirklichten sie sich auch oft durch ihn. Denn Brecht war es, der sie als gleichberechtigte Mitarbeiterinnen mit in seine Arbeit einband (, die Frage, ob er sie diesbezüglich ausnutzte, würde auf Grund des Für und Wider an dieser Stelle lediglich zu weit führen,) und ihre Fähigkeiten somit mit seinen gleichsetzte. Seine Darstellung des weiblichen Geschlechts in seiner Liebeslyrik reichte von Prostituierten bis zu hoch geschätzten und geliebten Frauen. Die Gedichte, die sich jedoch eindeutig Frauen seines Lebens zuordnen lassen, richteten sich nie gegen diese oder dienten der Absicht einer Herabstufung oder Beleidigung. Es lässt sich also festhalten, dass Brechts Liebeslyrik nur zu einem minimalen Teil, als ein Spiegel seiner selbst angesehen werden kann.

6. Literaturverzeichnis

Ausgewählte Gedichte Brechts mit Interpretationen (1978). Hinck, Walter (Hrsg.), Suhrkamp Verlag, Frankfurt am Main.

Arendt, Christine (2001): Natur und Liebe in der frühen Lyrik Brechts. Peter Lang Europäischer Verlag der Wissenschaften, Frankfurt am Main.

Brecht, Bertolt (1982): Gesammelte Werke. Supplementband IV (Gedichte aus dem Nachlaß 2). Werkausgabe Edition Suhrkamp Verlag, Frankfurt am Main.

Häntzschel, Hiltrud (2002): Brechts Frauen. Rowohlt Verlag, Reinbek bei Hamburg.

Interpretationen zur Lyrik Brechts (1971). Hirschenauer, Rupert und Weber, Albrecht (Hrsg.), R. Oldenbourg Verlag, München.

Kebir, Sabine (1987): Ein akzeptabler Mann? Streit um Bertolt Brechts Partnerbeziehungen. Der Morgen, Berlin.

Kebir, Sabine (1997): Ich fragte nicht nach meinem Anteil. Aufbau- Verlag, Berlin.

Knopf, Jan (2001): Brecht Handbuch. Band II, Gedichte. J.B. Metzler Verlag, Stuttgart.

Kugli, Ana (2004): Feminist Brecht? Zum Verhältnis der Geschlechter im Werk Bertolt Brechts. Meidenbauer, Martin (Hrsg.), Martin Meidenbauer Verlagsbuchhandlung, München (2006).

Marsch, Edgar (1974): Brecht Kommentar zum lyrischen Werk. Winkler Verlag, München.

Mennemeier, Franz Norbert (1998): Bertolt Brechts Lyrik, Aspekte Tendenzen. Weidler Buchverlag Berlin.

Pietzcker, Carl (1974): Die Lyrik des jungen Brecht. Suhrkamp Verlag, Frankfurt am Main.

Schuhmann, Klaus (1964): Der Lyriker Bertolt Brecht 1913- 1933. Neue Beiträge zur Literaturwissenschaft (Band 20). Prof. Dr. Krauss, Werner und Prof. Dr. Dietze, Walter (Hrsg.), Rütten & Loening, Berlin.

Walther, Victor (1985): Brecht für unsere Zeit, Ein Lesebuch. Aufbau-Verlag, Berlin und Weimar.

Wedel, Ute (1983): Die Rolle der Frau bei Bertolt Brecht. Verlag Peter Lang, Frankfurt am Main.

7. Anhang

7.1. Textnachweise

Nummer 1, „Erinnerungen an Marie A."

1

An jenem Tag im blauen Mond September
Still unter einem jungen Pflaumenbaum
Da hielt ich sie, die stille bleiche Liebe
In meinem Arm wie einen holden Traum.
Und über uns im schönen Sommerhimmel
War eine Wolke, die ich lange sah
Sie war sehr weiß und ungeheuer oben
Und als ich aufsah, war sie nimmer da.

2

Seit jenem Tag sind viele, viele Monde
Geschwommen still hinunter und vorbei
Die Pflaumenbäume sind wohl abgehauen
Und fragst du mich, was mit der Liebe sei?
So sag ich dir: Ich kann mich nicht erinnern.
Und doch, gewiß, ich weiß schon, was du meinst
Doch ihr Gesicht, das weiß ich wirklich nimmer
Ich weiß nur mehr: Ich küsste es dereinst.

3

Und auch den Kuss, ich hätt' ihn längst vergessen
Wenn nicht die Wolke da gewesen wär
Die weiß ich noch und werd ich immer wissen
Sie war sehr weiß und kam von oben her.
Die Pflaumenbäume blühn vielleicht noch immer
Und jene Frau hat jetzt vielleicht das siebte Kind
Doch jene Wolke blühte nur Minuten
Und als ich aufsah, schwand sie schon im Wind.[67]

Nummer 2, „Hybris, 2. Psalm"

Meine Hosen riechen schamlos nach Liebe. Ich wasche mich
nie mehr: Ich schwimme im Bassin für Jugendliche, mit dem
Gesicht nach unten.
Mein Schutzengel will mich von Zeit zu Zeit an meinem Haar
aus dem Wasser ziehen. Dann lasse ich Haare wie ein Hund
im November. Aber im Wasser bleibe ich auch kahlköpfig.
Oft pumpt er mir den Kopf voll Luft, daß ich nach oben treiben soll. Aber ich verbeiß mich im Seegras,
denn Köpfe sind

---

[67] Zit. Arendt, Christine (2001): Natur und Liebe in der frühen Lyrik Brechts. Peter Lang Europäischer Verlag der Wissenschaften, Frankfurt am Main, S. 114.

unzuverlässig.

Nicht eine Monstranz reicht mir, ich verschlucke mich immer
an Hostien, sondern aber reicht mir Eier und Kakao, nach
welchen meine Seele dürstet: So ist es.[68]

Nummer 3, „Von He. 9. Psalm"

1

Hört Freunde, ich singe euch das Lied von He, der Dunkelhäutigen,
meiner Geliebten über sechzehn Monate bis zu ihrer
Auflösung.

2

Sie wurde nicht alt, sie hatte wahllose Hände, sie verkaufte die
Haut für eine Tasse Tee und sich selbst für eine Peitsche! Sie
lief sich müd zwischen den Weiden, He!

3

Sie reichte sich dar wie eine Frucht, aber sie wurde nicht angenommen.
Viele hatten sie im Maul und spieen sie wieder aus.
He, die Gute! He, die Geliebte!

4

Sie wußte, was eine Frau ist im Hirn, aber nicht mit den
Knieen, sie wußte den Weg, wo es hell war mit den Augen, aber
im Dunkeln wußte sie ihn nicht.

5

Nachts war sie elend, blind vor Eitelkeit, He, und die Frauen
sind Nachttiere und sie war kein Nachttier.

6

Sie war nicht weise wie Bi die Liebliche, die Pflanze Bi, sie lief
immerfort herum und ihr Herz war ohne Gedanken.

7

Darum starb sie im 5. Monat des Jahres 20, eines schnellen
Todes heimlich, als niemand hinsah, und ging hin wie eine
Wolke, von der es heißt: sie war nie gewesen.[69]

Nummer 4, „Ballade von der Hanna Cash"

Mit dem Rock von Kattun und dem gelben Tuch
Und den Augen der schwarzen Seen
Ohne Geld und Talent und doch mit genug
Vom Schwarzhaar, das sie offen trug
Bis zu den schwärzeren Zeh'n:

---

[68] Zit. Arendt, Christine (2001): Natur und Liebe in der frühen Lyrik Brechts. Peter Lang Europäischer Verlag der Wissenschaften, Frankfurt am Main, S. 139.
[69] Zit. Arendt, Christine (2001): Natur und Liebe in der frühen Lyrik Brechts. Peter Lang Europäischer Verlag der Wissenschaften, Frankfurt am Main, S. 164.

Das war die Hanna Cash, mein Kind

Die die „Gentlemen" eingeseift

Die kam mit dem Wind und ging mit dem Wind

Der in die Savannen läuft.

Die hatte keine Schuhe und die hatte auch kein Hemd

Und die kannte auch keine Choräle!

Und sie war wie eine Katze in die große Stadt geschwemmt

Eine kleine graue Katze, zwischen Hölzer eingeklemmt

Zwischen Leichen in die schwarzen Kanäle.

Sie wusch die Gläser vom Absinth

Doch nie sich selber rein

Und doch muß die Hanna Cash, mein Kind

Auch rein gewesen sein.

Und sie kam eines Nachts in die Seemannsbar

Mit den Augen der schwarzen Seen

Und traf Jacki Kent mit dem Maulwurfshaar

Den Messerjack aus der Seemannsbar

Und der ließ sie mit sich gehen!

Und wenn der wüste Kent den Grind

Sich kratzte und blinzelte

Dann spürt die Hanna Cash, mein Kind

Den Blick bis in die Zeh.

Sie „kamen sich näher" zwischen Wild und Fisch

Und „gingen vereint durchs Leben"

Sie hatten kein Bett und hatten keinen Tisch

Und sie hatten selber nicht Wild noch Fisch

Und keinen Namen für die Kinder.

Doch ob Schneewind pfeift, ob Regen rinnt

Ersöff auch die Savann

Es bleibt die Hanna Cash, mein Kind

Bei ihrem lieben Mann.

Der Sheriff sagt, daß er`n Schurke sei

Und die Milchfrau sagt: Er geht krumm.

Sie aber sagt: Was ist dabei?

Er ist mein Mann. Und sie war so frei

Und blieb bei ihm. Darum.

Und wenn er hinkt und wenn er spinnt

Und wenn er ihr Schläge gibt:

Es fragt die Hanna Cash, mein Kind

Doch nur: ob sie ihn liebt.

Kein Dach war da, wo die Wiege war

Und die Schläge schlugen die Eltern.

Die gingen zusammen Jahr für Jahr

Aus der Alphaltstadt in die Wälder gar

Und in die Savann aus den Wäldern.

Solang man geht in Schnee und Wind

Bis daß man nicht mehr kann

Solang ging die Hanna Cash, mein Kind

Nun mal mit ihrem Mann.

Kein Kleid war arm, wie das ihre war

Und es gab keinen Sonntag für sie

Keinen Ausflug zu dritt in die Kirschtortenbar

Und keinen Weizenfladen im Kaar

Und keine Mundharmonie.

Und war jeder Tag, wie alle sind

Und gab's kein Sonnenlicht:

Es hatte die Hanna Cash, mein Kind

Die Sonne stets im Gesicht.

Er stahl wohl die Fische, und Salz stahl sie

So war 's. „Das Leben ist schwer."

Und wenn sie die Fische kochte, sieh:

Dann sagten die Kinder auf seinem Knie

Den Katechismus her:

Durch fünfzig Jahr in Nacht und Wind

Sie schliefen in einem Bett.

Das war die Hanna Cash, mein Kind

Gott mach`s ihr einmal wett.[70]

Nummer 5, „Baals Lied"

Hat ein Weib fette Hüften, tu ich sie ins grüne Gras.

Rock und Hose tu ich lüften, sonnig – denn ich liebe das.

Beißt das Weib vor Ekstase, wisch ich ab mit grünem Gras

Mund und Biß und Schoß und Nase: sauber – denn ich liebe das.

Treibt das Weib die schöne Sache feurig, doch im Übermaß

Geb ich ihr die Hand und lache: freundlich, denn ich liebe

das.[71]

Nummer 6, „Die Liebenden"

Sieh jene Kraniche in großem Bogen!

Die Wolken, welche ihnen beigegeben

---

[70] Zit. Arendt, Christine (2001): Natur und Liebe in der frühen Lyrik Brechts. Peter Lang Europäischer Verlag der Wissenschaften, Frankfurt am Main, S.208-209.

[71] Zit. Arendt, Christine (2001): Natur und Liebe in der frühen Lyrik Brechts. Peter Lang Europäischer Verlag der Wissenschaften, Frankfurt am Main, 234.

Zogen mit ihnen schon, als sie entflogen

Aus einem Leben in ein andres Leben

In gleicher Höhe und mit gleicher Eile

Scheinen sie alle beide nur daneben.

Daß so der Kranich mit der Wolke teile

Den schönen Himmel, den sie kurz befliegen

Daß also keines länger hier verweile

Und keines andres sehe als das Wiegen

Des andern in dem Wind, den beide spüren

Die jetzt im Fluge beieinander liegen

So mag der Wind sie in das Nichts entführen

Wenn sie nur nicht vergehen und sich bleiben

Solange kann sie beide nichts berühren

Solange kann man sie von jedem Ort vertreiben

Wo Regen drohen oder Schüsse schallen.

So unter Sonn und Monds wenig verschiedenen Scheiben

Fliegen sie hin, einander ganz verfallen.

Wohin ihr? Nirgendhin. Von wem davon? Von allen.

Ihr fragt, wie lange sind sie schon beisammen? Seit kurzem.

Und wann werden sie sich trennen? Bald.

So scheint die Liebe Liebenden ein Halt.[72]

Nummer 7 , „Sonett Nr. 19"

Nur eines möcht ich nicht: daß du mich fliehst.

Ich will dich hören, selbst wenn du nur klagst.

Denn wenn du taub wärst, braucht ich, was du sagst

Und wenn du stumm wärst, braucht ich, was du siehst

Und wenn du blind wärst, möcht ich dich doch sehn.

Du bist mir beigesellt als meine Wacht:

Der lange Weg ist noch nicht halb verbracht

Bedenk das Dunkel, in dem wir noch stehn!

So gilt kein "Laß mich, denn ich bin verwundet!"

So gilt kein "Irgendwo" und nur ein "Hier"

Der Dienst wird nicht gestrichen, nur gestundet.

Du weißt es: wer gebraucht wird, ist nicht frei.

Ich aber brauche dich, wie's immer sei

Ich sage ich und könnt auch sagen wir.

---

[72] Zit. Walther, Victor: Brecht für unsere Zeit, Ein Lesebuch. Aufbau-Verlag, Berlin und Weimar, 1985, S. 15.